Ulrich Erckenbrecht
Ein Körnchen Lüge
Aphorismen und Geschichten
Muriverlag

Auf meinem Sofa liegend, sah ich rings um mich den Ruf meiner Bösartigkeit wachsen, ohne daß es mich andere Untaten gekostet hatte als einige Späße, und ich sagte mir: Nero und Caligula mußten Verbrechen häufen, um Haß und Furcht zu verbreiten, während doch schon ein paar Scherzworte ihnen den Ruf von Ungeheuern verschafft hätten.

(Rivarol)

Ulrich Erckenbrecht ist als freier Mitarbeiter am Institut für fröhliche Wissenschaft in Wolkenkuckucksheim tätig. Veröffentlichungen: Sprachdenken, 1974; Mensch du Affe, 1975; Das Geheimnis des Fetischismus, 1976; Anleitung zur Ketzerei, 1980; und allerlei anderes.

CIP-Kurztitelaufnahme der Deutschen Bibliothek

Erckenbrecht, Ulrich:
Ein Körnchen Lüge: Aphorismen und Geschichten / Ulrich Erckenbrecht. – 3. Auflage. – Göttingen: Muriverlag, 1983.
ISBN 3-922494-05-6

3. veränderte Ausgabe 1983

Satz: Ursula Pigge, Schmitten
Druck: Fuldaer Verlagsanstalt
MURIVERLAG, Postfach 1765, D-3400 Göttingen

Inhalt

Für Lichtenberg

Er las immer Sparkurs statt Spartakus, so gründlich hatte er seine Jugend vergessen.

Er las immer Orgasmus statt Organismus, so intensiv hatte er den Wilhelm Reich sich einverleibt.

Er las immer Sologeige statt Soziologie, so verzückt hatte er auf den Adorno gehört.

Er las immer Onana statt Onanie, so eifrig hatte er den Predigern gelauscht.

Er las immer Vögl. statt Vgl., so tief hatte ihn die Universität neurotisiert.

„Man sollte das nicht hochsterilisieren“, sagte der Regierungssprecher.

„Ich hetze von Besinnung zu Besinnung“, sagte der Pfarrer.

Versprecher eines Stalinisten: „Von solchen Leuten kann man in dieser Hinrichtung wenig erwarten“.

Aus unseren Radionachrichten: „Der Abgeordnete ..., der den Vorschuß ... äh den Vorsitz im Ausschuß hat ...“

„Da muß ich dir vollkorn recht geben“, sagte der Landfreak.

Lose Gedanken

Rahmen sind dazu da, daß man aus ihnen fällt.

Einem Denkmal geht meist ein Denkmalheur voraus.

Innere Reife äußert sich in faulen Kernsätzen.

Ein Gedanke fährt mir durch den Kopf: ist die Verbindungslinie zwischen meinen Ohren ein Autotunnel? Schon brummt der Gedanke zum anderen Ohr wieder hinaus.

Die Äskulapschlange sieht aus wie ein Ausrufezeichen, um das sich ein Fragezeichen schlängelt.

Der Abscheu vor dem Unreinen, seit jeher ein Bestandteil des religiösen Dogmatismus, wird in weltliche Ideologie umgeformt: wer nicht sauber ist, gilt den Bürgern als Sau. Für sie, die kaum mehr an den Teufel glauben, ist er in die Säue gefahren. Dafür fährt der Putzteufel in die reinlichen Hausfrauen.

Reinheit ist nur eine subtile Form des Drecks.

Wem es am dreckigsten geht, der fällt den Säuberungsaktionen zum Opfer.

Verdikte

Die Welt ist denen wurst, die sich dicke Scheiben von ihr abschneiden.

Die Gegenwart – ein Koordinatensystem. An der zentralen Stelle ist der Wert gleich Null.

Wer einmal aus dem Fettnapf frißt, leckt nächstes Mal den Speichel.

Je hymnischer der Ton, desto weniger hörbar die Pfeife, nach der er tanzt.

Wer vor dem Fortschritt fortläuft, wird von ihm überholt.

Der Groschen fällt langsam; und wenn, dann in Automaten.

Das Ding ist das Maß aller Menschen.

Die Herrschaft bleibt, die Herrschaften wechseln.

Am Anfang ist das Chaos, am Ende das Desaster, dazwischen die permanente Katastrophe.

Das Verhängnis nimmt seinen Lauf, aber es stolpert. Das ist unsere Chance.

Zusätze

Schopenhauer: „Seit ich die Menschen kenne, liebe ich die Hunde". Seit ich die Hunde kenne, liebe ich die Katzen.

Börne: „Regierungen sind Segel, das Volk ist Wind, der Staat ist Schiff, die Zeit ist See". Ist das Volk dazu da, daß sich die Regierungen blähen?

C. G. Jung: „Das Leben ist und bleibt ein Schlachtfeld; wenn dem nicht so wäre, würde nichts mehr existieren können". Wenn dem so ist, wird bald kein Leben mehr existieren.

Paracelsus: „Alle Dinge sind Gift, es kommt auf die Dosis an". Alle Dinge erfahren wir nur in Dosen, es kommt auf das Gift an.

Tucholsky: „Das deutsche Schicksal – vor einem Schalter zu stehen. Das deutsche Ideal – hinter einem Schalter zu sitzen". Das deutsche Spiel: auf einen Schalter zu drücken.

Karl Kraus: „Der Mann hat fünf Sinne, das Weib bloß einen". Und der ganze Satz keinen.

Brecht: „Gar nichts ist immer das Beste, was einer überhaupt schreiben kann". Das trifft besonders auf diesen Satz zu.

Begebenheiten

In einen Napf, gefüllt mit Milch der frommen Denkart, fiel unversehens ein Atheist, der kein Frosch war und gerade deshalb ein fabelhafter. Um sich zu retten, trat er die Milch mit Füßen. Als er nach einer Weile entdeckte, daß aus dem Napf ein Fettnäpfchen entstanden war, lächelte er: „Alles in Butter!" Sprach's und hüpfte heraus.

Ein Drama spielt sich ab. Albert nimmt Gift. Fünf Minuten vor dem Ende stürzt seine Frau herein, das Medikament, das ihn noch retten kann, in der Hand. „Aber Liebling", röchelt Albert, „ist das bühnenwirksam?"

‚Bubi' steht auf dem Ausleihzettel, den die Bibliothek mir zurückschickt. Die gesuchte Zeitschrift ist nicht zu haben, aber der freundliche Gruß von unbekannter Hand, komisch zärtlich inmitten der Anonymität, gibt mir sehnsuchtsvolle Rätsel auf. Plötzlich, nach langem Nachdenken, merke ich, was gespielt wird: die Zeitschrift wird gerade gebunden, ‚Bubi' ist die Abkürzung für Buchbinder.

Um Amors willen

Wie schön, wenn in jedem Tümpel wenigstens ein richtiger Lustmolch herumschwömme!

Die Auferstehung des Fleisches gibt es nur solange, wie wir Glieder des Lebens sind.

Menschen mit Kastrationskomplex mögen es nicht, wenn man ihr hervorragendes Abschneiden rühmt.

Die deutsche Liebe hält sich in der Mitte zwischen Analerotik und Banalerotik.

Liebe, die durch den Magen geht, scheide ich aus.

Eine Liebesgeschichte: er fiel ihr mit einem Hechtsprung um den Hals, drückte Küsse auf ihren Backfischmund, machte einen Bückling und verabschiedete sich mit aalglatten Worten.

Liebe ist der Versuch einer Befreundung aus Anlaß der sich kundgebenden Schönheit, sagten die alten Stoiker. In der Tat wirkt schon die Formulierung recht stoisch. Liest man sie aber ironischen Augs, so klingt sie allerliebst.

Schönheit verspricht nur Glück. Glück erfüllt sein Schönheitsversprechen.

Laß dich bezaubern, aber laß dich nicht blenden.

Dialogik

Zwei Skeptiker im Lehnstuhl:
„Nichts versteht sich von selbst“.
„Nicht einmal dies“.
„Versteht sich“.

„Sag mir mal einen gedankenlosen Satz!“
„Ich müßte über jeden nachdenken, der mir jetzt einfällt“.

„Du drehst mir das Wort im Munde herum!“
„Wie anders soll aus der Phrase Wahrheit werden?“

„Warum schreiben Sie, Herr Schriftsteller?“
„Um nicht mehr danach gefragt zu werden“.

„Das Buch hat mir nichts gegeben“.
„Und was hast du ihm gegeben?“

„Gegen jedes Übel gibt es ein Mittel“, sagte der Optimist.
„Sehr richtig“, sagte der Pessimist, „gegen die Überbevölkerung hilft zum Beispiel die Atombombe“.

„Es ist nun einmal so!“
„Und wie oft noch?“

Charaktere

Vier Arten, sich aus dem politischen Sumpf zu ziehen:
der Konservative faßt sich dabei an seinen Zopf,
der Reaktionär an seine Glatze,
der Sozialist an seinen Bart,
der Alternative an seine Schamhaare.

Der Känguru sammelt Jünger um sich, steckt sie in die Tasche, hopst metaphysisch umher und läßt sie wieder fallen. Dafür müssen sie ihm den Beutel füllen.

Bloch: der Prinz Hoffnung, ein Weiser aus dem Morgenland auf der Reise durch die Geschichte des Abendlandes, ins Land der Morgenröte ziehend, von einer Karawane mit kostbaren Zitatschätzen begleitet, in farbenprächtige Prosagewänder gehüllt – der letzte exotische Optimist im kalten Begriffsreich der Philosophie.

Karl Valentin: der aus dem Leben in die Kunst stolpernde Eulenspiegel.

Heidegger: ein etymologischer Wurzelsepp.

Konrad Lorenz 1940: die Braungans.

Umfrisierte Gedanken

Es ist an allem etwas dran. An diesem Satz hängt beispielsweise die Dummheit.

Der Mensch lebt nicht vom Brot allein. Er wird außerdem mit dieser Redensart abgespeist.

Die Zukunft hat schon begonnen. Eine Phrase zu werden.

Erkenne dich selbst. Damit du das Gruseln lernst.

Einem geschenkten Gaul schaut man nicht ins Maul. Aber auf den Pferdefuß.

„So ist eben das Leben“, sagen die Vertreter des falschen.

„Mach's besser!“ Wer's macht, nimmt seinen Abschied von der Opposition. Mach's gut.

Im Hause des Gehängten soll man nicht von Verstrickung reden.

Theorie, Praxis

Ein Mönch: „Die Welt ein Traum“.
Ein Künstler: „Dem Traum eine Welt“.
Ein Revolutionär: „Einem Traum die Welt“.

Die reine Theorie schneidet sich ins eigene Sitzfleisch.

Seminarmarxisten: Semimarxisten.

Ein Lehrstuhlinhaber, befragt über das Verhältnis von Theorie und Praxis: „Mir ist es um Erkenntnis zu tun ...“

Endstation Sehnsucht. Bis dahin war's bequem. Jetzt muß man sich durchs Gestrüpp kämpfen.

Nicht die Weltverbesserer in ihre Schranken, sondern die Weltverschlechterer in ihre Beschränktheit weisen.

Der erste glaubt an den Menschen.
Der zweite denkt an den Menschen.
Der dritte tut etwas für die Menschen.

Willst du die Utopie verwirklichen, darfst du sie nie für verwirklicht halten.

Alle Welt beglücken wollen bedeutet jedem auf die Nerven gehen.

Das Interesse blamierte sich immer, soweit es sich nicht in Ideen ausdrücken konnte.

Kunst, Literatur

Schriftsteller bereiten das Futter für die Wiederkäuer zu. Die Leser sind der Pansen, die Journalisten der Blättermagen der Literaturkuh. Gemolken wird sie von den Großverlegern.

Schriftsteller, die reich werden, schreiben nur noch Novellen zum Steuergesetz.

Dichterlesung: der Schriftsteller, was ist das für eine rätselhafte Spezies, wie sieht sie aus, wovon ernährt sie sich, weshalb macht sie solche Faxen, wie kommt sie auf diese merkwürdigen Gedanken, warum drückt sie sich so seltsam aus? Hundert Hauskatzen sitzen ratlos vor einem Dschungeltier.

Der Interpret zum Dichter:
„Und bist du nicht willig, so brauch ich Gehalt."

Kunst der Poesie: im Rhythmus hebt der Klang das Bild zur Bedeutung.

Der Künstler schafft nichts. Höchstens, daß diese Phrase einmal verschwindet.

Künstler entspringen dem Schoß der Nation. So schnell wie möglich.

Wer formale Techniken für technische Formalitäten hält, hat in der Kunst nichts zu suchen. Die Differenz zwischen Connaisseurs und Banausen ist der zwischen Stilaugen und Stielaugen.

Vor Jahren ließ ein Oberamtsrichter aus Köln drei Chansonplatten, die ihm „eindeutig unzüchtig" erschienen, einziehen und unbrauchbar machen. In der Urteilsbegründung hieß es: „Unter Kunst versteht das Gericht ein Erzeugnis, das den Durchschnittsbürger über den Alltag erhebt und ihm das Edelste darstellt, was er sich vorstellen kann". Es sei erwiesen, daß eine „freche Darstellung primitiver Dinge das Abendland gefährdet".

Dazu ist zu sagen: Kunst erhebt sich weniger über den Alltag als über die Verstandeserzeugnisse des Durchschnittsbürgers, und sie hält Gericht über das Edelste, was er sich vorstellen kann, weil dies in den meisten Fällen von Gartenzwergwuchs ist. Das Abendland wird nur gefährdet von seinen offiziellen Verteidigern.

Presse

Karl Kraus: „Am Anfang war die Presse, und dann erschien die Welt". Dann erschien ‚Die Welt', und die Presse war am Ende.

Ein Journalist, der sich mit Sprachbrei vollstopft, um ins Schlaraffenland zu kommen, reißt das Maul auf, wenn er glaubt, es geschafft zu haben, mit dem Ergebnis, daß keine gebratenen Tauben hineinfliegen, wohl aber rohe Enten heraus.

Die Presse drückt den Lesern ihren Stempel aufs Gehirn. Deshalb fühlen sie sich gut beschlagen.

Journalisten vergiften nicht den Brunnen. Aber sie sind mit allen Abwässern gewaschen.

Ein Schriftsteller trägt Sprachkonflikte aus, ein Journalist bringt sie in windiger Eile zum Austrag.

Morgens, beim Blick in die Presse, begrüßen mich die Persönlichkeiten des veröffentlichten Lebens. Mir geht ein Lichtbild auf, wenn sie den Leumund öffnen und mich mit leisem Knurren angrinsen. Hinter den Gittern der Zeitungsspalten schlagen sie ihre Zähne in unser aller Fleisch.

DETAILS
AUTHENTIQUES

Der verstellbare Mensch

Nach langen Mühen und erheblichen Entwicklungskosten gelang es, den verstellbaren Menschen zu konstruieren. Er wuchs mit der Größe seiner Aufgabe. Sobald diese erfüllt war, verschwand er im Nichts.

Wenn er die Schultern nach hinten stemmte, ging er wie ein Gerüst, an dem ein Körper baumelte.

Er schrieb immer auf liniertem Briefpapier, damit die Adressaten zwischen den Zeilen lesen konnten.

Er legte sich eine Reihe von akademischen Ehrentiteln zu, die auf Wunsch jeden Sonntag von 12 bis 1 zu besichtigen waren.

Er drückte seine Hochachtung aus wie eine Zitrone, seinen Dank wie eine Zigarette, seine Meinung wie einen Schwamm.

Er ließ eine Donnerwolke aus seinem Allerhintersten, hielt ein Streichholz daran und gab das Resultat als Ideenfeuerwerk aus.

Er log so sehr, daß sich die Balken in seinem Auge bogen.

Je mehr man ihn zur Schnecke machte, desto schleimiger kroch er.

Habe nun Fach Philosophie

Die Entität ist eine Philosophenente.

Wie in der Physik, so auch in der Metaphysik: das Reflexionsvermögen hängt ab von der Einfallsrichtung und der Wellenlänge.

Die Philosophie ist eine Verirrung unseres Geistes, der, wenn sie ihm fehlen würde, noch viel verrückter wäre.

Er sei ein Vollblutphilosoph, sagte einer vom anderen. Alle Kathederhengste begannen zu wiehern.

Er möchte sich an der Philosophie reiben. Dabei ist er nur ein Wildschwein, das sich die Haut an mächtigen Eichen scheuert.

Er knackt nicht Kants Nüsse, sondern zerkleinert sie, um niedliches Zuckerwerk zu produzieren: Mikrokant.

Die Igel der Dialektik haben rundum, auf allen Seiten des Diskussionsfeldes, stachlige Argumente postiert; sie wissen, wie das Spiel läuft, und rufen „Ich bin allhier“, weil sie die Gegenargumente vorbedenken und sich an ihre Stelle setzen. Gesunder Menschenverstand, dir bleibt keine Zuflucht mehr, du weißt von nichts, dein Name ist Hase.

In schlechter Gesellschaft

Der rote Faden der Weltgeschichte ist getränkt mit Blut.

Jedes Volk hat die Regierung, für die es verdient.

Alle Menschen sind vor dem Gesetz gleichgültig.

Die Stimme des Einzelnen, dem das Wasser bis zum Halse steht, verschwimmt auf der Oberfläche und hat so viel Gewicht, wie sie verdrängt.

Wenn man Knochen das Mark entzieht, werden sie Gummiknüppel.

Die Eugeniker wollen die fortschreitende Dummheit der Menschheit beseitigen. Aber der beste Beweis dafür, daß die Menschheit dümmer wird, sind die Eugeniker. Wird ihre Wissenschaft staatlich betrieben, gestattet sie vor allem den bürokratischen Institutionen, sich fortzupflanzen.

Ungeheure Fortschritte macht unsere Gesellschaft auf einem Fließband, das rückwärts läuft.

Leute von gestern an den Waffen von morgen – wie soll das gutgehen?

Psycho

Freud: „Der Träumer zieht eine Frau hinter dem Bett hervor. Das heißt: Er gibt ihr den Vorzug". So träumte man, mit der Sprache etwas gewalttätig umspringend, vor einigen Jahrzehnten. Heutzutage könnte ein Bahnbeamter träumen, daß seine Auserwählte zum Bahnhof komme und daß er ihr, statt des überfüllten Hauptzuges, den Vorzug gebe. So modernisiert der Fortschritt der Produktivkräfte unsere Wortspiele.

Der einzige Archetyp, den es gibt, ist Noah.

Freud: „Denken Sie an die Kriegsneurotiker, die eben keinen Dienst zu leisten brauchen, weil sie krank sind ... wenn man die angeblich Hergestellten in den Dienst schickte, flüchteten sie prompt wieder in die Krankheit. Es war mit ihnen nichts anzufangen". Einen Krieg kann man nur mit Leuten anfangen, die gesund genug sind, um sich totschlagen zu lassen. Flucht in die Krankheit ist eines jener listigen Mittel, welche dazu beitragen, dem allgemeinen Wahn entgegenzuarbeiten. Die Neurose im Krieg ist jene Therapie, für deren Krankheit sie gehalten wird. Die Kraussche Formulierung, verfehlt, solange sie die Psychoanalyse treffen soll, kommt hier zu ihrem Recht.

Wahrheit

Die Wahrheit hat lange Beine. Deshalb stößt sie oben an.

Die Lage verfinstert sich, wenn das Blaue vom Himmel heruntergelogen wird.

Fichte: „Die Wahrheit muß gesagt werden, und wenn die Welt in Stücke gehen sollte!" Und wenn es wahr ist, daß die Welt nicht in Stücke gehen sollte?

Hegel: „Die Wahrheit ist ... der bacchantische Taumel, an dem kein Glied nicht trunken ist ...". In vino veritas? In veritate vinum!

Die Kunst ist keine Erscheinung der Wahrheit, aber Wahrheit ist eine Erscheinung in der Kunst.

Zu schön, um wahr zu sein. Zu häßlich, um wahr gemacht zu werden.

Der Satz ‚Die Wahrheit ist konkret' ist abstrakt.

Wer die Wahrheit gepachtet hat, lebt auf großem Zinsfuß.

Die Leute suchen nicht die Wahrheit, sondern ihren Seelenfrieden, und sobald sie glauben, ihn gefunden zu haben, sagen sie: das ist die Wahrheit.

Freiheit, die ich meine

Freisetzen klingt nach Retorte, freilassen nach Gefängniswärtern, freigeben nach Zensur, freistehen nach Fußball, freihalten nach Geldprotzerei, freisprechen nach muffigen Talaren, freien nach Standesamt, Gefreiter nach böhmischen Dörfern, freistellen nach Armeebürokraten. Was ist befreiend?

Wer bloß Spielraum für die Freiheit fordert, engt sie selber ein.

Ordnung ist das halbierte Leben.

„Lachhaft!" sagt der Schalk zum Gefängnis.

Mit gefrorener Miene werden wir in komfortable Gehäuse gesperrt: „Haltet euch frisch, bleibt kühl und nutzt eiskalt eure Chance, keine Angst, ihr kommt nicht ins Schwitzen, in der Gefriertruhe".

Die Privatsphäre fängt da an, wo das elektronische Auge des Staates und das neugierige Auge des Nächsten nicht hinreichen. Fängt sie überhaupt an?

Der Unterschied zwischen einem Rechtsstaat und einem Polizeistaat besteht darin, daß dich uniformierte Sadisten in einem Rechtsstaat bis zu einer gewissen Grenze mißhandeln dürfen.

Tod

Das will dir nicht in den Kopf, das Bleikügelchen.

Bist du verschwiegen wie ein Grab? Ruf dich ins Leben.

Wie willst du unbeschwert leben, wenn dir dein Grabstein nicht vom Herzen fällt?

Ich sitze immer gern zwischen allen Stühlen. Besonders, wenn es elektrische sind.

Aus uns wird einmal etwas: Staub.

Wenn der Henker seinen Beruf aufgibt, atmen die Verurteilten auf. Wenn er ihn an den Nagel hängt, erschrecken sie.

Karteileichen lassen sich schnell durch den Buchstaben der Paragraphen in Parteileichen verwandeln.

Solon: „Nenne nie einen Menschen glücklich vor seinem Ende". Wenn das Ende da ist, kann man ihn erst recht nicht glücklich nennen.

Großer Gott, wir foppen dich

Wieviele Engel können auf einer Nadelspitze sitzen? Kein einziger. Auf einer Nadelspitze zerplatzen alle Lügen.

Die Religion gleicht einem Rosenkranz, der ständig gebetet wird: das Denken dreht sich im Kreis, und die Gedanken kann man an den Fingern abzählen.

Die Macht des Christentums zeigt sich schon darin, daß man zu Amor amoralisch assoziiert.

Natürlich ist der Mensch die Krone der Schöpfung. Gott hat allem die Krone aufgesetzt. „Die einzige Entschuldigung für Gott ist, daß er nicht existiert" (Stendhal).

Credo, quia absurdum.
Cogito, ergo sum.
Credo, quia cogito. Ergo absurdum sum.

Ketzert gegen die Ketzer, sonst gründen sie neue dogmatische Sekten. Aber ketzert gegen sie im Namen der Ketzerei, nicht im Namen der Orthodoxie!

Kinder

Ein Kind sieht einen Film: verdurstende Menschen rennen durch die Wüste, angelockt von einem Gasthaus, welches sich unverhofft einstellt. Das nächste Bild zerbläst die Fata Morgana, leer sind Sanddünen und Gehirn. Den Betrug hinter dem Betrug wittert das Kind: muß nicht, damit der Film überhaupt gedreht werden konnte, tatsächlich ein Gasthaus dort gestanden haben? Sehnsucht nistet sich logisch ein im Atelier des Scheins.

Lieben könnte in der Kindersprache heißen: die Pisstole in ihr Gegenteil verkehren.

Die Felder fliegen – vorbei! Ein Zug stampft mit den Füßen auf. Kinder pressen sich an die Fenster, rekonstruieren ein Bild der Natur, das ständig verschwimmt und sich flutend verändert. Menschen draußen: Bojen im Wahrnehmungsmeer. Wo Rettung winkt, winken die Kinder, Glück in den Augen, zurück.

Ein Kind fragt: „Kann man eine so große Zeitung bekommen, daß man darin ein Kamel einwickeln kann?“ Antwort: Jeden Tag bekommt man eine große Zeitung, mit der Millionen Kamele eingewickelt werden.

Phrasen und Paraphrasen

Jeder kennt die Diskussionen, wo bis zum Vergasen geredet und gekämpft wird. Zu den Kavaliersdelikten, die dabei vorkommen, zählt, daß man einem anderen über den Mund fährt und ihn am Boden zerstört. Ist er endgültig mundtot gemacht, legt man ihn aufs Kreuz und steckt ihn in die Tasche, um ihn aus dem Weg zu räumen. Dann macht man ihn zur Sau und schleunigst schlachtreif; das geschieht, indem man ihm das Fell über die Ohren zieht und auf ihm herumhackt. Am besten haut man ihn gleich danach in die Pfanne und läßt ihn ein Weilchen schmoren, bis er windelweich geworden ist. Feinschmecker empfehlen, das Fleisch durch den Kakao zu ziehen und durch den Wolf zu drehen. Auch soll es noch bekömmlicher sein, wenn es kaltgemacht und in den Schatten gestellt wird. Schließlich begibt man sich an die Mahlzeit. Hat man einen Menschen gefressen, hat man ihn gründlich satt. Kommentar: „Geht einmal euren Phrasen nach, bis zu dem Punkt, wo sie verkörpert werden" (Georg Büchner).

‚Dienst ist Dienst, und Schnaps ist Schnaps' – diese Phrase ist eine klägliche Definition und doch die beste. Zum Vorschein kommt das gemeinsame Wesen von solchem Dienst und Schnapssaufen, die sture, leerlaufende Wiederholung, die sich selbst keinen Sinn und daher keine andere Definition als die Tautologie zu geben weiß. Das zerstört die Absicht des Spruches, beide Sphären streng auseinander zu halten und im Schnaps ein irdisches Himmelchen zu finden, das Erholung, meist vom Bürodienst, der klimatisierten Hölle, gewähren soll. Indem die Phrase unterscheidet, setzt sie gleich.

Wissenschaft

Unser Weissagen ist Stückwerk, unser Wissen Werkstück.

Fakten sind vollendete Tatsachen. Wenn noch alles im Flusse ist, sind die unvollendeten wichtiger.

Wissen ist Macht. Wenn man das Wissen zum Machtwissen macht.

Nicht jeder Wissenschaftler bringt es zu jenem biblischen Alter, in dem sich der Schweiß, den es kostet, permanent seine eigenen Gedanken zu unterdrücken, endlich auszahlt und ein seniles Lächeln das fromme Antlitz umspielt, wenn der Postbote ins Hörrohr tutet, die ‚Gesammelten Exzerpte' fänden reißenden Absatz. Gemeint ist der Reißwolf. Aber das merkt der Greis nicht mehr.

Sekundärliteratur: Gezirp philologischer Grillen.

Wie recht die Verfasser von Standardwerken haben, wenn sie meinen, ein Thema erschöpfend behandelt zu haben!

Die Universitätssozialisation ist dann beendet, wenn man dieses Substantiv ohne Stottern aussprechen kann.

Wir glauben, etwas fest in den Händen zu haben, aber wenn wir es bis ins Große und Kleine verfolgen, löst es sich zwischen den Fingern auf und scheint auf den ersten Zugriff unfaßbar. So ist es in der Physik, die in den riesigen Räumen des Universums und in den winzigen Atomteilchen auf Rätsel stößt, und so ist es in jeder intensiven wissenschaftlichen Untersuchung. Das ist keine ruhige Ergebung ins Unerforschliche, sondern eine Aufstachelung zur Verfeinerung.

Ein Fachmann, der sich dem Dilettanten immer überlegen fühlt, ist ihm unterlegen. Ein Dilettant, der sich dem Fachmann nie unterlegen fühlt, ist ihm nicht überlegen.

Wer ein akademisches Examen machen will, muß Seminarscheine erwerben. Schein oder nicht Schein, das ist hier die Frage, von der Schwein oder Nichtschwein abhängt. Zum Wesen, das Akademiker werden will, fehlt nur der Schein. Wie schon Hegel sagte: „Das Wesen muß erscheinen" (in den Seminaren). Es gibt nur noch Scheinheilige.

Wunsch, Resignation

Rosinen im Kopf: verschrumpelte Wünsche.

Wer sich alles aus dem Kopf schlägt, greift zuletzt ins Leere.

Solange sich jeder sein Teil bloß denkt, wird ihm sein Teil vorenthalten.

Wer resigniert, macht seinen Frieden mit dem Weltprinzip statt den Frieden zum Weltprinzip.

Resignation schickt sich ins Vermeidliche.

Ein Ereignis wird erst dann unvermeidlich, wenn alle Beteiligten es für unvermeidlich halten.

Wer die Tür zur Welt verschließt, kann beide nicht aus den Angeln heben.

Lebe im Verborgenen, aber verbirg dich im Leben.

Kritik

Kritik, die als Ventil fungiert, kann man in den Wind schreiben. Ventile sind Absperrvorrichtungen, dienen der Regulierung, nicht der grundsätzlichen Änderung. Am beliebtesten sind Überdruckventile. Haben sich Groll und Unmut angestaut, gibt die Apparatur eine kleine Öffnung frei, die vorher fest verschlossen war, und jeder sucht, meist mit viel Lärm, sich Luft zu machen. Für kurze Zeit schafft dies einen Ausgleich, und gar nicht so abwegig war der Versprecher eines Mannes, man müsse seinem Herzen doch einmal Lust machen. Doch eben das bleibt unbefriedigend. An jenem letzten Loch, auf dem alle pfeifen, erzwingt niemand den Durchbruch zur Freiheit – und wenn, so ist es ein anales Posaunensolo. Die herrschende Klasse gibt dem Druck nach, um den kurzatmigen Widerstand verpuffen zu lassen. Kritik, die mit Verschnaufpausen zufrieden ist, wird vom Winde verweht.

Den kritischen Punkt kann man nicht durch punktuelle Kritik entdecken.

Demokraten kritisieren das Volk, aber sie treten entschieden für seine Rechte ein. Antidemokraten preisen das Volk und wollen alles tun, was ihm nützt, aber sie tun ihm alles an, was nur ihnen nützt.

Worte

Beim Anhören festlicher Reden entsteht eine besondere Art von Zwangsneurose: Gemeinplatzangst.

Des Demagogen Wort ist ein Fangnetz. Schlüpf durch die Masche.

Ein rhetorischer Ölgötze muß immer Feuer und Flamme sein. Deshalb wirkt er schnell ausgebrannt.

Der Teufel im Detail wird meist durch den Beelzebub der Abstraktheit ausgetrieben.

Eine Schar Straßenjungen in Neapel nannte die Studenten, die dauernd über Hegel redeten, ‚i Begriffi'. Zwar wußten sie kaum, was das bedeutete, aber sie, die ständig das Wort Begriff aus deren Mund hörten, hatten mit ihrem Spitzspott mehr Recht als eine langwierige akademische Begriffsbestimmung. Im Begriff Begriff überlistet der Name den Begriff.

Die Bildung, die allen ein Begriff sein muß, ist die Begriffsbildung.

Gute Gleichnisse und Metaphern sind keine Suggestionstricks, sondern Parallelargumente.

Einsilbige Wortspieler teilen das Wort: „Ursprung!" Ein zottiges Fell dampft heran, hüpft über Hürden. Archaisch trottet die Bedeutung hinterher.

Nomen est omen, non omnia.

Karl Kraus: „Wären alle Kommata richtig gewesen, würde Schanghai nicht brennen". Im Chinesischen gibt es keine Kommata.

Heidegger: „Die Mühe der sprachlichen Prägung ist wie der Widerstand der ragenden Tannen gegen den Sturm". Heideggers Sprache ist ein einziger Windbruch.

Nietzsche: „Jedes Wort ist ein Vorurteil". Das ist ein Satz mit fünf Vorurteilen.

Wenn man von der SPRACHE PR (= Public Relations) wegstreicht, scheint die SACHE übrig zu bleiben.

Wer sich überhaupt nicht in der Sprache ausdrücken kann, dem bleibt immer noch der Ausweg, Linguist zu werden.

Kürzlich entdeckte ich in einem akademischen Buch den Ausdruck ‚plurisäkularer Prozeß'. Alles, was der Autor damit sagen wollte, war folgender Umstand: die betreffende Entwicklung erstreckte sich über mehrere Jahrhunderte. Trivialitäten so kostümieren, daß sie wie vornehme Erkenntnisse aussehen – das ist das Geheimnis der universitären Terminologie.

Scylla: Akademismus.
Charybdis: Feuilletonismus.
Ithaka: Sprachdenken.

Ein Gramm meiner Psyche

Was mein Beruf ist? Hauptamtlich: Säulenrüttler. Nebenamtlich: Entwurzler.

Was ich vermeiden will? Fortschritte in der Sackgasse.

Wo ich wohne? Überall im Niemandsland.

Worauf ich trinke? Zum Wohl all der Gemeinheit.

Wie meine Sätze sind? Querverständlich.

Woran ich festhalte? Am Stein der Unweisen.

Warum ich Satiriker wurde? Weil mich niemand ernst nahm.

Lächerlich

Der Volksmund lacht sich schief, weil er am Angelhaken hängt.

Blödelei ist eine Parodie der Satire.

Beim deutschen Humor ist Schmalhanswurst Küchenmeister.

Humorwetter: säuselnde Worte, windige Scherze, stürmisches Gelächter, orkanartiger Beifall, und wieder Windstille. Satirewetter: Blitze aus heiterem Himmel.

Komik: Tücke des Objekts, gegen die das Subjekt vergeblich kämpft, obwohl es glimpflich davonkommt.
Humor: Scheinsouveränität des Subjekts, das über den Dingen, die es begraben, zu stehen glaubt.
Satire: Attacke auf die Tücke der Objekte und der Subjekte.

Satire ist, wenn man trotzdem nicht lacht.

Es spricht auch gegen die Satire, daß die Zustände sie übertreffen.

Ironie ist die Kunst der maßvollen Übertreibung.

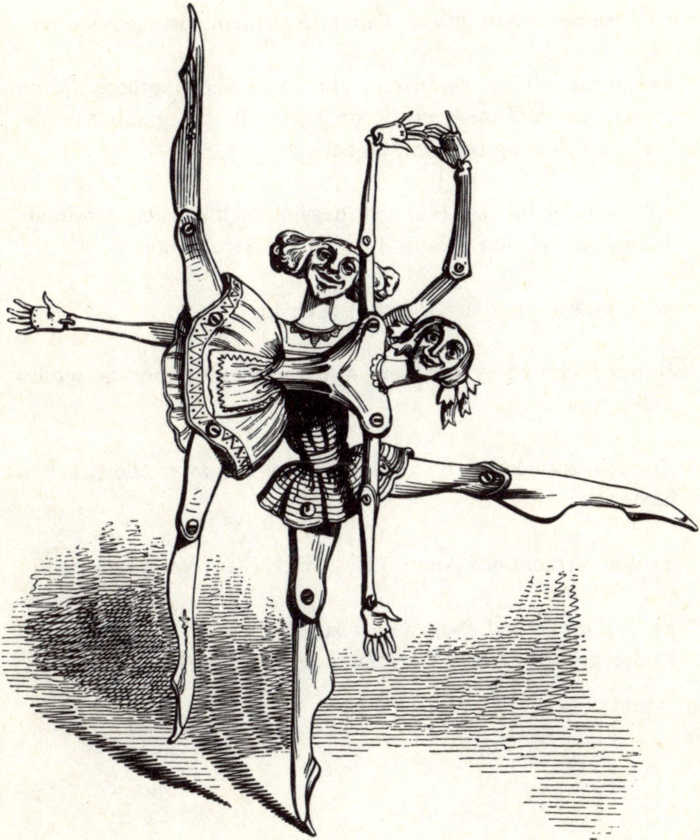

Erlebnisse des Herrn Er

Er biß auf Granit, dabei war es nur ein Teppich.

Er kam auf einen grünen Zweig. An einem absteigenden Ast.

Er rannte offene Türen ein, vor allem Schwingtüren. Wenn er ein paar Mal im Kreis herumgewirbelt war, glaubte er, die Welt in Schwung gebracht zu haben.

Als sein Kopf zu rauchen begann, schien der zündende Funke gekommen zu sein. Es blieb ein Strohfeuer.

Gehirnbüro: er stellte Überlegungen an.

Heute rechnete er mit dem Milchmädchen. Aber sie wollte nicht.

Zu sich zurückfinden konnte er nur, indem er alle Brücken hinter sich abbrach.

Er war verrückt vor Angst, daß er verrückt werden könnte.

Er brachte sein Leben damit zu, über den Sinn des Lebens nachzugrübeln. Als er ihn gefunden hatte, starb er.

Kunterbunt

Über die Villa Giulia in Rom schrieb Adorno, es gebe dort etruskische Vasen, die zu sagen scheinen: „Da bin ich" oder „Das bin ich". Prompt ging ich hin, pflanzte mich vor den Vasen auf und sprach: „Da bin ich". Sie antworteten mir auf Etruskisch. In den Wörterbüchern, die ich zu Rate zog, gab es das Wort Banause nicht. So stand ich da wie der Ochs vorm Scheunentor. Das bin ich.

Dünne Aufgüsse sind die Klatschbasis der Kaffeetanten.

„Alles steht. Alles steht auf. Alles steht auf dem Spiel". Ach, es war wieder nur ein Fußballreporter.

Die Satten sehen sich an den Hungernden satt.

Armut ist schandmalerisch.

Wenn Charaktermasken ihr Gesicht zeigen, verlieren sie es.

Ein Weinkenner ist ein Abstinenzler, der sich an Flaschenetiketten berauscht.

Ich habe lange Zeit nicht gewußt, was eigentlich ein Snob ist. Dann hörte ich eines Tages, wie ein Mann im Restaurant sagte: „Bringen Sie mir einen manierierten Hering". Da wußte ich es endlich.

Die Unterhaltungssendungen im Fernsehen sind kein Gegenbild zum bürgerlichen Berufsalltag, sondern folgen genau den gleichen eisernen Regeln: 1. Alles, was du sagst und tust, wird mit Geldgewinn oder Geldverlust bewertet. 2. Alle Aufgaben sind eilig in einem genau bemessenen Zeitraum zu bewältigen. 3. Am Schluß gewinnt nur einer den großen Batzen. 4. Nicht eigenes Denken ist gefragt, sondern bloßes Faktenwissen. 5. Jeder hat gefälligst nett zu sein, Kritik wird nur in harmloser Form toleriert.

In den schlechten Science-Fiction-Filmen sehen Raumschiffe aus wie Konservendosen. In den guten sehen Konservendosen aus wie Raumschiffe.

Ein Bürokrat arbeitet im Schweiße seines Hinterns, kampferprobt in den Schlachten des Papierkriegs. Gehirnamputiert und mit Wasserkopfsucht behaftet, rotiert er auf dem Schreibsessel und schwingt seine mörderische Stempelwaffe.

Rechnung tragen ist der Oberbegriff des Beamten. Dafür kriegt er Bedienungsgeld.

Wenn die Quallen wie Spiegeleier aussähen, würde man sich viel lieber von ihnen verbrennen lassen.

Goethe und Schelling nannten die Architektur eine erstarrte Musik. Die heutige Architektur ist erstarrte Kakophonie.

Wenn es dämmert, wird die Eule der Minerva im Fluge nach Athen getragen.

Hintergedanken

Reden ist Silber, Schweigen ist Gold, und das Sprichwort gehört zum alten Eisen.

Der Glaube versetzt Berge: die goldenen Berge, die er verspricht, versetzt er ins Irreale.

Alles hat seine Vorteile und Nachteile. Wer diesen Satz zum Vorteil derer auslegt, die alles auf sich beruhen lassen wollen, hat die Nachteile auf seiner Seite.

Mitten im Strom soll man nicht die Pferde wechseln. Aber die Esel zumindest.

„Sicher ist sicher“, sagte der General.
„Todsicher“, sagte der Soldat.

Der Krieg ist der Rabenvater aller Dinge.

Verwendungsmöglichkeiten für künftige Gedenkstätten: die Charaktermasken in den Kostümverleih, die Katzbuckler in den Zoo, die frommen Pflanzen vom Gottesacker ins Herbarium, der Papst ins Kirchenmausoleum, der liebe Gott in den Ententeich, der Teufel an die Wand, die Vertriebenenfunktionäre ins Heimatmuseum, die Bleichgesichter ins Wachsfigurenkabinett, die Feldmarschälle an den Pranger, die Tyrannen ins Diktiergerätemuseum.

Die Kunst, argwöhnisch zu werden

„Nicht meckern, mitmachen!“ sagte ein Lehrer zu einem Schüler, rief ein Vorsitzender einem Oppositionellen zu, brüllte ein Aufseher einem KZhäftling ins Gesicht.

Geburtstag der Regierung: amtliche Rührung verspritzt das Bulletin, gezierte Schultern klopfen sich kräftig in Stücke, der Jubelhahn wird aufgedreht, um das Gehirn zu überschwemmen. Wehe, ihr freut euch nicht!

Rundfunkdiskussion: erst hört man die Haare wachsen, die gespalten werden, dann das Gras, in das die Logik beißt.

Dürrenmatt: „... so kann ich nur zu jenen reden, die bei Heidegger einschlafen“. Ich kann nur zu jenen reden, die bei Heidegger erschreckt auffahren.

Was nutzt es, einen alten Zopf unter neuem Hut gegen einen neuen Zopf unter altem Hut einzutauschen?

Immer den richtigen Ton treffen? Also mit absolutem Gehör auf andere hören?

Die Einäugigen unter den Blinden – das sind nicht jene, die immer ein Auge zudrücken.

Der Tanz um das goldene Kalb führt zum Tanz um den eisernen Metzger.

Sobald die Massen einem Traum nachhängen, stehen schon hinter der nächsten Ecke die Betrüger Schlange.

Theorie des Faultiers

Wie machen es die Faultiere? Ganz langsam. Sie haben nichts zu befürchten, sie können sich Zeit lassen, beim Essen wie beim Lieben. Irgendwann in der Geschichte der biologischen Evolution machten diese gar nicht so denkfaulen Lebewesen eine glorreiche Entdeckung: es kam darauf an, in jedem Sinne des Wortes stinkfaul zu werden. Sie bewegten sich so träge, daß ihr Fleisch übel zu riechen begann, und schon hatten sie keine natürlichen Feinde mehr. Selbst die gierigsten Raubtiere hatten kein Verlangen, sich an ihnen den Appetit zu verderben.

Nach diesem entscheidenden Evolutionsschritt brauchten die Faultiere nichts mehr dazuzulernen. Ihr Überlebenstrick ist ein sich selbst verstärkender Prozeß: sie sind so faul, daß sie stinken, und sie stinken so, daß sie unbesorgt faul sein können.

Auch vor der menschlichen Forscherneugierde bleiben sie weitgehend geschützt. Wer interessiert sich schon für Kreaturen, die einen halben Tag damit verbringen, um eine Banane herumzuklettern? Daher kommt es, daß wir von diesen Tieren wenig wissen, und auch meine Theorie des Faultiers ist eine wilde Spekulation aus weiter Ferne. Ich war zu faul, um im Lexikon und in Fachbüchern nachzuschlagen.

Wer sich mit diesen possierlichen Geschöpfen beschäftigt, wird unweigerlich von ihrer segensreichen Faulheit angesteckt. Man sollte ihnen Schnecken als Spielgefährten geben und ihnen jegliche Freiheit lassen, um von ihnen das süße Nichtstun zu lernen.

Man lasse sich auch nicht durch die Behauptungen eines Philosophen irritieren, der da sagt: wir machen „wesentliche Unterschiede, nach welchen wir Tiere schön oder häßlich nennen, wie das Faultier z. B., das sich nur mühsam schleppt und dessen ganzer Habitus die Unfähigkeit zu rascher Bewegung und Tätigkeit dartut, durch diese schläfrige Tätigkeit mißfällt" (Hegel, Vorlesungen über die Ästhetik I, Werke in zwanzig Bänden, Bd. 13, Ffm 1970, S. 175).

Die Tätigkeit dieses Tierleins ist von schöner, poetischer Einfachheit:

Ich bin ganz faul
Kann ich leicht beweisen
Erstens

Dieses vollständig zitierte Gedicht schrieb ein deutsches Faultier. Die Vermutung, daß es zwei Monate zur Niederschrift benötigte, ist nicht von der Hand zu weisen.

Elektronengehirn

Einem Computer wurden Wörter und Satzregeln eingefüttert, die er nach einem Zufallsprinzip verbinden sollte. Heraus kamen Sätze, die ausgewählt, montiert und minimal verändert wurden; sie klingen höchst merkwürdig und sind zum Teil origineller als das, was viele professionelle Philosophen von sich geben. Es müßte eine Notwendigkeit werden, auch nach dem Zufallsprinzip zu philosophieren. Die Programmierung des Computers besorgte Hans-Jürgen Apell.

1. Keine axiomatische Erkenntnistheorie existiert, so daß ein Begriff der Begierde pragmatische Narren generiert.
2. Manchmal widerspricht ein Materialismus dem schönen Ideal der paradoxen Existenz.
3. Stets erzeugt die Intuition Wesenheiten, da jeder transzendente Äther keinem objektiven Urteil dient.
4. Jene Narren gehorchen, obwohl Intellekt existiert.
5. Wie bös beugen sich jene relativen Menschen allen Wesenheiten!
6. Bringt jedes Moment der Gewalt ein System?
7. Der exakte Affekt der Gewalt idealisiert.
8. Die Menschheit untergräbt.
9. Wie tötet keiner Dasein?
10. Vollziehen alle Menschen die existente, dialektische Ethik?
11. Oh welch verderbliche Moral!

Kleine Einführung in die Hasematik

Die nebenstehende Illustration wurde einem hasematischen Lehrbuch entnommen, das soeben erschienen ist. Als Verfasser zeichnet Prof. Dr. Haso car Nickel, der Begründer der Hasematik und langjährige Vorsitzende des deutschen Hasematikerverbandes. Erst kürzlich durften wir den alten Hasen dieser jungen Wissenschaft auf dem Hasematikerkongreß bewundern, der mit zahlreichen Ehrengästen in dem nordhessischen Dorf Wenigenhasungen stattfand. In dem Hauptvortrag (‚Doppelt gehoppelt hält besser') wies Prof. Dr. Haso car Nickel auf die wachsende Bedeutung hin, die der Hasematik in unserem Zeitalter zukommt, und hob mit Recht die Tatsache hervor, daß die Wissenschaft weiß, wie das Häschen läuft, obwohl und gerade wenn es Haken schlägt.

Beim Festbankett, zu dem falscher Hase serviert wurde, zerstritt man sich über der Frage, ob und wo der Hase Männchen macht. Man war sich zwar über die sinnträchtige Rolle dieses Tieres im Klaren, und man stimmte darin überein, daß die Hasematik in eindringlicher Weise Biologie und Mathematik zu einer höheren Einheit verschmilzt. Dennoch war unverkennbar, daß sich die Hasematiker in verschiedene Gruppen gespalten hatten, die einander erbittert bekämpften: die Feldhasematiker, die Stallhasematiker und die Karnickelianer. Man debattierte, stellte Anträge, bildete Oberausschüsse und Unterausschüsse, verteilte wechselseitig den Rat, sich doch an die eigenen Hasen zu packen – kurzum, es herrschte eine hastige Betriebsamkeit.

Es wurden auch viele Referate gehalten, wie sich das auf einem richtigen Kongreß gehört: ‚Albrecht Dürer als Vorläufer der Hasematik', ‚Goethe und der Stallhase', ‚Der Hase, wie er leibt und weibt', ‚Untersuchungen an deutschen

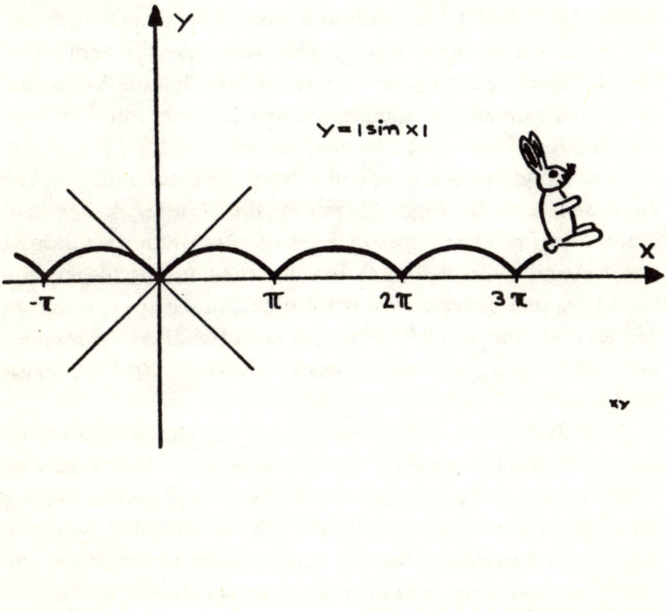
Y
y=|sin x|
X
-π
π
2π
3π
xy

Rammlern', ,Englische Hasenhasser', ,Der Fuchs als Freund des Hasen' und viele andere Vorträge, die wir nicht aus Platzgründen, sondern aus Bekömmlichkeitsgründen verschweigen.

Besondere Aufmerksamkeit verdiente jedoch ein Diplomhasematiker, der behauptete, daß die Beschäftigung mit hasoiden Lebewesen die Menschen friedlicher stimme. Er führte tatsächlich einige Versuchskarnickel vor, die es für kurze Zeit fertigbrachten, daß die Feldhasematiker und die Stallhasematiker ihre Löffel anlegten und einträchtig lauschten. Aufgrund dieses nicht eindeutigen, aber erst auf dem nächsten Kongreß widerlegbaren Beweises beschloß die Versammlung, einen herausragenden modernen Künstler mit dem Entwurf eines Friedenshasen zu beauftragen.

Man stimmte ebenso einhellig dafür, ein Broschürli drucken zu lassen, um die Jugendlichen an die Hasematik heranzuführen. Stürmischen Anklang fand die Empfehlung, Likör zu trinken und dann die Mathematikbücher aufzuschlagen; die Hasen würden unversehens, wie die Zeichnung zeigt, inmitten der Kurven und Koordinatensysteme auftauchen. Drum merke: „Viele Abstinenzler sind des Hasen Tod" (Prof. Dr. Haso car Nickel).

Man darf natürlich nicht annehmen, die Hasematiker seien samt und sonders eine verlotterte Sippschaft. Das wäre eine feige Diffamierung des Hasematikerverbandes und ein Schlag ins Gesicht des deutschen Hasen. Die Hasematiker beharren auf dem Standpunkt, daß ein angeheiterter Hasematiker immer noch besser ist als ein stocknüchterner Hasenfuß.

Einmal und immer wieder

Es war einmal ein Tropfen auf dem heißen Stein. Zisch, schon war er verdampft. Ein zweiter fiel herunter, zischel, zischel, auch er löste sich auf. Doch der dritte kam, der vierte, der fünfte, mit all ihren Freunden und Bekannten, sie zischten und brausten und siedeten, und da war der Stein bereits ausgehöhlt. Moral für Haushaltsvorstände: unter tropfenden Wasserhähnen soll man nichts liegen lassen. Moral für Ungeduldige: auch der herzloseste Felsen muß sich mit der Zeit – ob er will oder nicht – erweichen lassen.

Es war einmal ein Wurzelmann, der wollte das Übel an der Wurzel packen. Aber wie er so drauflos packte, packte ihn das Grausen, und anstatt Bäume auszureißen, verlor er sich im Wurzelgeflecht und wurde von den Engerlingen aufgefressen. Moral: radikal sein heißt nicht die Sache an der Wurzel packen, sondern zusammen mit anderen die Sachen an allen ihren Wurzeln packen, denn es gibt nicht eine Wurzel allen Übels, sondern viele Wurzeln und viele Übel.

Es war einmal ein Mann, der hatte sieben Söhne. Die sieben Söhne sprachen: „Vater, erzähl uns mal eine Geschichte“. Da sagte der Vater: „Es hängt mir zum Hals raus, immer wieder von vorn anzufangen. Habt ihr denn nicht zugehört?“ Moral: wenn ein Hund in die Küche kommt und dem Koch ein Ei stiehlt, ist kein Ende abzusehen.

Konsequenzen

Ein Mädchen wurde zu einem Getreidefeld geführt und bekam zu hören: „Geh hindurch und pflücke dir die drei schönsten Ähren, sie sollen in deinen Händen zu Gold werden". Sie machte sich auf den Weg, griff hier und dort nach einer Ähre, ließ aber die Hand wieder sinken, weil sie in der Ferne noch schönere Ähren zu sehen glaubte. So ging das viele Male, bis sie am Rand angekommen war, ohne etwas gepflückt zu haben. Es sind mehrere Anknüpfungen zu dieser Geschichte denkbar. 1. Gib dich zufrieden mit dem Erstbesten und giere nicht nach dem Allerschönsten, das doch nicht existiert. 2. Du bist nun allein auf dich gestellt, das Feld liegt hinter dir, vor dir die bunte Welt mit vielen anderen Feldern. 3. Aus Ähren, die zu Gold werden, kannst du kein Brot backen. 4. Tu nicht jeden Quatsch, den man dir aufträgt.

Horaz: „Der Bauer wartet, daß der Fluß vorbeifließe, allein dieser fließt und wird in alle Ewigkeit dahinströmen". So tumb ist der Bauer nicht. Manche Flüsse führen nur in der Regenzeit Wasser – siehe Afrika. Andere Flüsse ändern ihre Richtung und graben sich ein neues Bett, zum Beispiel der Hoangho in China. Wieder andere versiegen, weil ein Erdbeben ihre Quellen verschüttet, wie im italienischen Castellana. Ich möchte trotzdem nicht empfehlen, am Ufer der Flüsse sitzen zu bleiben. Aber man könnte diesen Schluß ziehen und nach Hause tragen: nicht alles fließt, und schon gar nicht ewig.

Lektüre

Zuerst liest man, um ein Buch vollständig und in allen Einzelheiten zu verstehen; gelingt einem beides nicht, so zweifelt man an sich selbst. Später liest man, um zu sehen, ob man etwas für seine Zwecke gebrauchen kann, und wenn ein Detail oder der ganze Gedankengang unverständlich wirken, so zweifelt man an dem Buch.

Liest man die einen Philosophen, so erscheinen die einzelnen Ausdrücke und Sätze überraschend, vor allem stilistisch, während die großen Gedankenlinien vorhersagbar sind, weil alles auf die Grundkategorien hinausläuft. Liest man die anderen Philosophen, so erscheinen die einzelnen Wendungen monoton, da der Stil über weite Strecken auf manierierte Weise erstarrt ist, aber der große Gedankengang ist überraschend, weil man nie weiß, wohin er führt. Zu der ersten Gruppe gehört Bloch, zu der zweiten Adorno.

Es gibt zwei Arten von Untiefen – ein Plätscherloch und eine zu neuen Ufern führende Furt. Übertragen auf stilistische und begriffliche Qualitätsfragen, bedeutet das: nicht alles, was durchsichtig, klar, heiter ist und dunklen Tiefsinn vermeidet, ist seicht. Im Gegenteil, es gehört zu den anregendsten Freuden der Lektüre, und die wenigen Autoren, die so schreiben können, heben sich glanzvoll leuchtend von den Banalitätskrämern ab.

Die Hegelsche Prosa ist eine Begriffswüste, mit Trugbildern ausgestattet, die kraft dramatischer Scheinkonkretion Anschaulichkeit vorspiegeln (‚Kampf der absoluten Befreiung des in sich entzweiten Bewußtseins', ‚die Vernunft pflanzt auf alle Höhen und in alle Tiefen das Zeichen ihrer Souveränität'). Manchmal aber stößt man auf Oasen, wo die Quellen der Erkenntnis sprudeln und den Gedankenkreis fruchtbar machen. Die Wüste lebt.

Vor Jahren schrieb ein Spaßvogel ein paar Seiten aus Musils Roman ,Der Mann ohne Eigenschaften' ab und schickte sie unter seinem eigenen Namen an zahlreiche Verlage, mit der Bitte um Prüfung. Nirgendwo wurde das Manuskript akzeptiert. Diese Geschichte lehrt zweierlei. Zum einen, daß Verlagsleute nicht unbedingt urteilsfähig sind, was keine sehr neue Erkenntnis ist. George Orwells ,Farm der Tiere' wurde von mehr als zwanzig Verlagen abgelehnt, James Joyce klopfte vergeblich bei mehr als fünfzig Verlegern an, George Bernard Shaw erhielt seine ersten Buchmanuskripte genau sechzig Mal zurück – das sind nur drei von vielen historischen Beispielen. Zum anderen wird man angeregt, die Qualität des Musiltextes noch einmal zu überprüfen. Die Verlagsmenschen legten eine übliche Verhaltensweise an den Tag: Manuskripte wenig bekannter Autoren werden meist oberflächlich angelesen und von vornherein geringschätzig betrachtet. Aber auch der Spaßvogel folgte einem konventionellen Maßstab, indem er einfach unterstellte, daß der berühmte Roman gut sei, ohne zu untersuchen, ob er nicht an verquollenen Reflexionen und anderen Mängeln krankt. An der Bereitschaft und Fähigkeit, genau zu lesen, haben es beide Seiten fehlen lassen.

Querbeet

„Schreiben Sie noch?“ Das klingt so wie: „Sind Sie immer noch erkältet?“

Silvesterfeuerwerk: Krachmacherei als Rebellionsersatz, Übertäubung der Probleme, Nachzauberung des Sternenhimmels, Gewöhnung an Kriegsgeknatter, Verpulverung der Spargroschen, Belustigung von Knallköppen.

Frage bei jedem Symptom: Was hat sich der Körper dabei gedacht?

Der Ruf eines Menschen setzt sich aus dem zusammen, was andere Leute über ihn tratschen. Deshalb sollte man sich schämen, einen guten Ruf zu haben.

Als Gregor eine Abhandlung mit dem Titel ‚Abartige Arten der Sumpfdotterschildkröte‘ veröffentlichte, brandmarkte ihn die überregionale Naturforschergilde als Scharlatan. Gregor ließ die geifernden Experten im Spucknapf rotieren und flüchtete in eine Veranstaltung zur moralischen Lebenshilfe. Der Hauptredner zelebrierte den Spruch: „Warum Hand an sich legen, wenn wir doch alle gemeinsam den Selbstmord der Menschheit erleben können?“ Der Nebenredner vertrat sich den Fuß und die These: „Wir leben im letzten Stadium der Welt, aber das kann sich noch ein paar Jahrhunderte hinziehen“. Der Dazwischenredner verkündete: „Die Ewigkeit ist nur eine Frage der Zeit“. Gregor rannte hinaus aus dieser Schmerzwelt und fuhr in Urlaub, aber da trampelte ihn eine Horde verzerrter Karikatouristen zu Tode.

„Du machst mir die Hölle heiß", stieß der Kaplan aus, als ihm seine Haushälterin die Hose bügelte.

Die fundamentale Regel der bürgerlichen Ästhetik: je reicher der Mann, desto schöner die Frau.

Wenn Männer von Frauen reden, auf die sie fliegen, machen sie den Eindruck von Stechmücken, die nicht ahnen, wie schnell sie unter den Pantoffel kommen: schlapp, einmal mit dem Hausschlappen zugeschlagen, schon sind sie platt an der Wand.

Willst du am Busen der Natur ruhen, mußt du dir hinterher die Zecken von der Haut kratzen.

Atlantisches Bündnis: wer sich zu einem Amerikaner ins Bett legt, wird mit Krümeln aufwachen.

Man muß seinen Interpreten immer um eine Nasenlänge voraus sein.

Was sich so Geistesleben nennt, besteht hauptsächlich aus der wechselseitigen Beweihräucherung der kulturellen Spesenritter.

Musik

Musik soll wieder einmal festlich umrahmen. Klaviere merken die Absicht und sind verstimmt. Kreuz und quer gondeln Tenöre im Durmollkahn. Ein Unding der Möglichkeit macht sich breit. Orchester trompeten mit Ach und Krach, Posaunen vollbringen Maulheldentaten, Geigen schwelgen in intimsphärischen Klängen. Mono tönt der Stereotyp.

Liszt: Pathosgeklingel.
Chopin: Rauschgesang.

Musik ist ein Versuch, der Welt ein Kunstherz einzupflanzen. Die Vulgärmusiker ziehen daraus den Schluß, man müsse den Patienten mit Hammerschlägen betäuben.

Aus den Diskotheken hallt das abscheuliche Gestampfe der modernen Arbeitswelt in abgewandelter Form wider, und die dort angestellten Folterknechte, auch Discjockeys genannt, beherrschen ihre Kunst aus dem ff – Fortissimo ist alles, was sie können. Mittlerweile wird man auch in Friseurgeschäften, Supermärkten, Restaurants, Hotels, Cafés, Bars, Taxis, Bussen und Flugzeugen mit Musik berieselt, und das Rieseln steigert sich zu ohrenbetäubenden Kaskaden. Musik ist eine tägliche Ruhestörung geworden. Ab einer bestimmten Lautstärke wird jede Musik akustische Quälerei und verliert damit ihren Sinn. Musik ist eine außersprachliche Sprachform, die unsere Natur tief berührt, indem sie vorsprachliche Impulse wachruft und stillt. Schöne Musik ist Antilärm: verfeinerter und human gewordener, vom Geräusch befreiter Klang. Mißtönende Musik ist die Welt noch einmal, der verdoppelte Lärm.

Einesteils der Eier wegen

Karl Kraus machte Heine verantwortlich für die Folgen, für die feuilletonistischen Epigonen, die „einander wie ein faules Ei dem andern gleichen" (Auswahl aus dem Werk, München 1957, S. 187). Von wem hat Kraus diese Formulierung? Von Heine, den er nicht als Quelle nennt (Sämtliche Werke Bd. VI, München 1964, S. 22). Adorno, der den Feuilletonismus soziologisch analysiert, erwähnt ebenfalls nicht den Formulierungsursprung jener „Gebilde, die sich ähneln wie ein faules Ei dem anderen" (Spiegel 46/1968, S. 205). Meine Hinweise wollen auf keinen Plagiatsvorwurf hinaus. Wie in der Musik – Bach entwickelte bekannte Liederthemen zu originären Fugen – kommt es mehr auf das an, was aus dem Einfall gemacht wird. Wäre das Ei, anstatt als Spiegelei verbraten zu werden, sprachgedanklich bebrütet worden, sähe es besser aus. Brecht ist eine Ausgeburt geglückt: „Es ist nicht die Aufgabe der marxistisch-leninistischen Partei, die Produktion von Gedichten zu organisieren wie eine Hühnerfarm, sonst gleichen eben die Gedichte sich wie ein Ei dem anderen" (Gesammelte Werke Bd. 19, Ffm 1967, S. 546). Bei Kraus und Adorno unterblieb die Veränderung, der Einfall wurde einfach übernommen und blieb bloßes Ornament. An diesem Punkt bleibt die Sprache von Kraus und Adorno unterhalb ihrer Theorie. Sie hängen an dem Ast, den sich Heine gelacht hat, und gleichen sich – ohne Druckfehler – wie ein Ai dem anderen.

Style macaronique
FEUILLETON
FEUILLETON
Feuilleton
La suite à

Oben und unten

Wer oben steht, ist obenauf. Nicht nur, weil er auf andere heruntersehen kann. Das Entscheidende ist, daß man von oben besser zuschlagen kann; so ist es leichter möglich, die anderen zu verletzen, zu töten und über sie die Oberhand zu behalten. Das ist – neben Donner und Blitz, den übermächtigen Naturkräften – der archaische Ursprung der verbreiteten Vorstellung, daß die Gewalt oben ist. Oben sein heißt Macht ausüben und verkörpern. Thron, Kanzel und Kultstätten sind erhöht, Gott und andere Oberhäupter sitzen oben, die Guillotine fällt von oben herab.

Die Monumentalbauten gehören zu den wichtigsten Stützen der Einschüchterungsstrategie. Wer riesige Bauwerke zu errichten veranlaßt, verstärkt architektonisch den Respekt, den die Brachialgewalt einflößt. Paläste, Burgen, Dome, Türme, Pyramiden, Wolkenkratzer – je erhabener sie wirken, desto besser kann man sich über die Unteren erheben. Das ist eine uralte, bis in die Gegenwart fortgesetzte Tradition. Noch Hitler plante Imponierbauten, die alles vorher Dagewesene in den Schatten stellen sollten.

Heute hat die Technik den Sinn der Monumentalbauten geschmälert. Während sie früher, neben ihrer Funktion als Wahrzeichen der Macht, einen militärischen Festungswert hatten, sind sie nun durch Bomben und Raketen, die von noch höher kommen, äußerst verwundbar geworden. Was oben hockt, fällt schneller. Nur unterhalb der Oberflächlichkeit kann man, wenn überhaupt, überleben.

Woody

Woody Allen ist ein intellektueller Intellektuellenverspotter. Oft macht er auf treffliche Weise leerlaufende Routinefloskeln und nervöse Verhaltensmechanismen lächerlich. Bisweilen langt es bloß zu verzweifelter Alberei, die nichts mehr ernst nehmen kann und am Gegenstand vorbeihaut. Das erinnert an alte Scherze: „Sokrates: to do is to be. Sartre: to be is to do. Frank Sinatra: dobedobedobedo". So etwas ist lediglich an der Oberfläche lustig, die ersten beiden Sprüche haben mit den Lehren von Sokrates und Sartre sehr wenig zu tun, nur Frank Sinatra ist mit diesem Gestammel hinreichend charakterisiert.

Bei Woody Allen spielen sich die Scherze ein paar Ebenen höher ab, aber er schwankt zwischen Blödelei und Satire, zumal auch er am Erzübel des amerikanischen Humors, dem Vorrang drastischer Situationskomik vor geistreicher Feinheit, laboriert. Manchmal trifft er in seiner Prosa genau ins Problemdunkle: „Ich habe keine Angst vor dem Sterben; ich möchte nur nicht dabei sein, wenn es passiert". Der Nervenpunkt ist hier bloßgelegt: nach außen zeigt man keine Angst, weil das als unmännlich, als feige, als unchristlich oder als unfein gilt, besonders in der industrialisierten Gesellschaft, die den Tod ausgebürgert hat, aber insgeheim hat man eine Heidenangst, der man sich nicht stellt, da man sie nur eskapistisch zu artikulieren vermag.

Ein anderer hervorragender Witz mit zeittypischer Aussagekraft: „Nicht nur, daß es keinen Gott gibt, sondern versuchen Sie mal, am Wochenende einen Klempner zu finden". Auch dieser Satz ist mehr als ein Lacheffekt, der beliebige Elemente aus verschiedenen Bereichen zusammenschirrt. In einer Gesellschaft, wo sich die Individuen auf Konsumpräferenzen und Alltagssorgen kaprizieren, erscheinen die metaphysischen Probleme sekundär. Während in früheren Epochen die Einsicht, daß Gott nicht lebt, die ganze Existenz und Sinnperspektive veränderte, ist es heute beunruhigender, daß man so schnell keinen Handwerker findet, wenn am Sonntag der Wasserhahn kaputt ist.

Auch Woody Allens Parodie auf ein Vorlesungsverzeichnis trifft ins Schwarze: „Ethik – Der kategorische Imperativ und sechs Möglichkeiten, ihn sich zunutze zu machen". Der versteckte Witz dieser Formulierung charakterisiert die Funktion der instrumentalisierten Moraltheorie in einer pragmatistischen Gesellschaft: nicht um seiner selbst willen und nicht im denknotwendigen Einklang mit den Interessen der Allgemeinheit wird ein ethisches Postulat studiert, sondern um besser voranzukommen. Wo Woody so treffsicher ist, gehört er zu Buster Keaton, Groucho Marx und Mark Twain in die ruhmreiche Schreckenskammer der Satire.

Die rote Haube

Es war einmal ein junger Jägersmann, der hatte von seiner Großmutter ein Haus am Waldrand bekommen, mit einem Garten voll Gemüse, wo es ihm an nichts fehlte. Die Großmutter warnte ihn vor der Gefahr, daß ein Ziegenbock mit verstellter Stimme um Einlaß bitten und ihm den Bauch aufschlitzen könnte. Deshalb kaufte der Jäger im ganzen Land die Kreide auf, sodaß die Lehrer in den Schulen nichts mehr an die Tafel schrieben und die Kinder alle Märchen durcheinanderbrachten.

Eines Mittags stand ein Geißlein vor dem Haus des Jägers und meckerte so inständig, daß er ihm schließlich die Tür öffnete. Kaum hatte er das getan, sprang das Geißlein mit einem Satz in den Uhrenkasten und rief: „Solange der Zeiger auf zwölf steht, mußt du meinem Willen gehorchen. Ich bin ein verwunschener Frosch, nimm mich in dein Bett und erlöse mich, du sollst es nicht bereuen!" Den Jäger schauderte es durch Mark und Bein, denn wie leicht konnte er sich von einem kalten, glibbrigen Frosch eine Erkältung holen. Listenreich, wie er zu sein glaube, sprach er mit sanfter Stimme: „Leg dich nur ins Bett, mein liebes Geißlein, ich will schon alles richten".

Das Geißlein tat, wie ihm verheißen wurde, schlüpfte ins Bett und machte mit seligem Grinsen die Augen zu. Nachdem der Jäger die Zeiger der Uhr vorgestellt hatte, holte er seine rote Nachthaube – ein Geschenk seiner Großmutter – und setzte sie dem Geißlein auf die spitzigen Hörnchen, wobei er mit Donnerstimme rief: „Werd bloß kein Frosch!" Da wankte die Erde, Blitze zuckten, eine schwefelfarbene Wolke zischte aus den Bettlaken und erfüllte im Nu das ganze Zimmer. Ein seltsames Summen, dunkel und unheildrohend, ging durch die Luft. Erschrocken prallte der bleichgewordene Jäger an die Wand zurück.

Als sich die Wolke ein wenig lichtete, sah er unter der roten Nachthaube einen Frauenzopf hervorleuchten, der seine Seele kitzelte und die Liebe in ihm erweckte. Er sank auf die Knie und flüsterte bebend: „Wer immer du bist – vergiß nicht, daß ich dich aus dem Ziegenleib und von der Froschseele befreit habe. Werde mein treues Weib, ich will auch jeden Tag in den Wald gehen und mit einem Pelz wiederkehren. Alles, was wir uns wünschen, soll in Erfüllung gehen".

„Elender Dummbart", knurrte es unter der Bettdecke, „merkst du denn nicht, daß ich deine eigene Großmutter bin? Ich wollte nur prüfen, ob du auch wachsam bist in dem Häuschen, das ich dir überlassen habe. Doch ach, was müssen meine Augen sehen: auf den ersten Schwindel fällst du herein! Warum bin ich alte Hexe mit so einem Nachwuchs geschlagen? Ich habe die Geduld mit dir verloren und werde dich in eine andere Gestalt verwandeln; da kannst du sehen, wie du allein zurechtkommst".

Mit diesen Worten schwenkte die Großmutter dreimal die rote Nachthaube, bis ein winselnder Vierbeiner vor ihr stand, den sie mit einem Fußtritt zur Tür hinaus beförderte. So geschah es, daß der mißratene Enkelsohn in der Wildnis sein Leben fristen mußte, wo es keinen Gemüsegarten gab und wo sich nur hin und wieder zwischen den Blumen ein paar Menschen verirrten, denen er weiszumachen suchte, er sei in seinem früheren Leben ein stolzer Jäger gewesen. Wie man hört, waren es nur ganz kleine Mädchen, die dem Wolf seine Geschichte glaubten.

Im Steinbruch der Weisen

In einer großen Wüste lebten verschiedene Beduinenstämme. Mit Zelten umherziehend, ernährten sie sich von den kargen Früchten des Landes. Den alten Steinbruch, der inmitten der Einöde lag, mieden sie. Er war ihnen unheimlich. Niemand von ihnen wußte so recht, was es damit auf sich hatte.

Einige meinten, man könne manchmal ältere Herren zwischen den ungefügen Blöcken umherirren sehen. Es hieß, sie suchten einen bestimmten Stein und erfüllten die Luft mit dem Getöse wirrer Reden. Bis jetzt schien noch keiner der Suchenden den geheimnisvollen Felsbrocken gefunden zu haben, aber die meisten behaupteten, ihn bereits zu besitzen. Stolz saßen sie in ihren Klausen, starrten auf ihr Heiligtum und kletterten von Zeit zu Zeit hinauf, um sich an dem Gefühl zu laben, über den Dingen zu stehen. Auch liebten sie es, die Beschaulichkeit und den Frieden zu preisen, wobei sie es nicht unterließen, ihre Gegner mit kleinen Kieseln zu bewerfen; letzteres nannten sie geistige Auseinandersetzung.

Auch an diesem Tag waren sie sehr rührig. In einem Winkel des Gerölls gerieten zwei von ihnen, Schlaumei und Klugschei, heftig aneinander.

Schlaumei rief selbstbewußt: „Es ist in der Tat stets folgendes: ich suche versteinerte Schnecken, um sie meinem Stein als Mosaik aufzusetzen".

„Du hast die Weisheit mit Löffeln gefressen, und jetzt erbrichst du dich", spöttelte Klugschei.

Wütend fuhr Schlaumei auf ihn los: „Du hast Steine in der Blase, in der Galle, in den Nieren und im Gehirn. Edelsteine sind nicht dabei".

Ihr Streit wurde unterbrochen durch den Kollegen Meditei. Bedächtig schritt er heran, wiegte sein Haupt und tat der

Umwelt kund, was ihn bewegte: „Das Denken ist eine Kornkammer, in die wir unsere Ernte einbringen. In Säcken verpackt, mit Etiketten versehen und in Reihen aufgestapelt, liegen dort unsere Theorien, gemahlen und gedroschen von der öffentlichen Meinung. In vielen Säcken befinden sich falsche Auffassungen, in denen ein Körnchen Wahrheit steckt. Wenn ein blindes Huhn vorbeistolziert und dieses Korn findet, schließt es sofort auf die Wahrheit des ganzen Sackes. Das Getreide wird mißdeutet, aus dem wir unsere gedankliche Nahrung gewinnen. Doch die blinden Hühner aufs Korn zu nehmen, ist immer noch besser, als die Flinte hineinzuwerfen".

„Brav gegackert, alter Hahnrei", rief Klugschei, „wir interessieren uns nur für Steine. Was hat dein Getreide damit zu schaffen?"

Nachsichtig antwortete Meditei: „Nimm ein Körnchen in den Mund und beiß dir die Zähne daran aus".

Eine wilde Stimme tönte dazwischen: „Philosophen, hütet euch, den Stein der Weisen zu finden; man wird ihn euch an den Hals hängen!"

Die Stimme gehörte dem jungen, zitatkundigen Agitei, dem besten Redner unter den Steinbruchmenschen. Sprudelte er einmal los, war es schwer, gegen den Redestrom zu schwimmen. Nur Schlaumei wagte, während Meditei den Kopf schüttelte und Klugschei unwillig hustete, eine Bemerkung: „Es ist in der Tat stets folgendes: wenn der Stein der Weisen ein Körnchen ist, kann ihn uns niemand an den Hals hängen".

Agitei hatte gar nicht hingehört. Auf einen Felsklotz steigend, brach er los:

„Ich, ein brotloser Künstler wie ihr alle, weissage euch das Ende der Steinbruchzeit. Wir müssen den großen Kotzbrocken finden, der ins Rollen kommt und die Welt erschüttert. Viel Steine gab's bisher und wenig Brot. Der Appetit wird uns verdorben, wenn uns nur die Brosamen sättigen, die von den reichgedeckten Tischen fallen. Undank ist der Welt Hungerlohn. Werfen wir die Brötchengeber dem Pleitegeier zum Fraß vor! Und dann laßt uns zechen, ohne zu blechen!"

Eine Zeit lang war Stille. Agitei stieg herunter von dem Block, setzte sich hin und blickte auf Klugschei, der tief Luft holte und zu einer Antwort ansetzte. Klugschei sprach lauter, weil die Rede Agiteis viele Steinsucher herbeigelockt hatte. „Eine schöne Zappelphilippika hast du gehalten. Unsere Welt wirst du nicht ändern. Wir suchen den Stein der Weisen, und wenn wir ihn gefunden haben, werden wir dem Stein der noch Weiseren nachspüren. Erkenntnisse wollen wir und keine Schreikrämpfe".

Außer sich vor Zorn, rief Agitei seine Jünger zu sich, die unter den Zuschauern waren, und begann, nach allen Seiten um sich zu boxen. Andere Zuschauer schlugen sich auf die Seite von Klugschei, nicht weil er sie überzeugt hatte, sondern weil sie verhindern wollten, daß er verprügelt wurde. Auch Meditei und Schlaumei stürzten sich ins Getümmel. Es war unklar, für wen sie stritten, zumal bald jeder gegen jeden kämpfte.

Der Anblick, der sich den wenigen Abseitsstehenden bot, war nicht alltäglich. Ehrwürdige Männer droschen aufeinander los. Bibliophile Schinkenliebhaber knufften sich in die Schwarten. Die Kämpen warfen sich Fußnoten, Essays und ganze Abhandlungen an den Kopf, kämpften mit Aphorismen und ungeahnten Kräften, kratzten, bissen, traten und spuckten.

Besonders hitzig war das Wortgefecht: „Methodenstrolch!" „Systemschwindler!" „Mensch, Sie als Anthropologe!" „Leck mich am Anthropo!" „Spekulativer Laberer!" „Labbriger Spekulatius!"

Die Steine und Worte gingen den Streitenden allmählich aus, die ungeübten Muskeln erschlafften, aus Kampfhähnen wurden wieder theoretische Herren. Schweigsam trollten sie sich zurück in ihre Felsennester. Nur Schlaumei wandte sich einen Augenblick an den zerschundenen Agitei und sagte: „Es ist in der Tat stets folgendes – ehe du philosophische Steinsucher überzeugst, kannst du den Steinen selber predigen".

Am nächsten Morgen waren die Weisen wieder weise. Nur einige wenige beschlossen, von nun an regelmäßig Ringkämpfe in Form von Podiumsdiskussionen zu veranstalten. Die meisten anderen Denker saßen friedlich zuhause, strömten Ruhe und Gelassenheit aus, bauten auf ihren Felsen ein kleines Kirchlein und suchten unablässig, von leisen oder lauten Zweifeln geplagt, nach der letztendlichen Wahrheit.

Kaum einer konnte sich vorstellen, daß er seine löblichen Kollegen mit Gewalt befehdet hatte. Lange disputierten sie darüber, wie dieses eigentümliche Hirngespinst zu erklären sei. Schließlich kamen sie überein, nicht sie, sondern die barbarischen Beduinen hätten das Phänomen auf dem Gewissen. Sooft sie an dem Kampfplatz vorbeikamen, rangen sie die Hände und klagten über die zerstörerischen Triebe der Menschen.

Agitei aber war auf dem Weg zum nächsten Beduinenzelt. In seiner Tasche klickerten ein paar Kiesel, Erinnerungsstücke aus dem Steinbruch. Er streute keinen aus. Es gelüstete ihn nicht, ein Weiser zu werden.

Der Aphorismus

In Deutschland – hieß es vor Jahren in einer Aphorismensammlung – gibt es einen Odenwald, aber keinen Aphorismenforst. Das stimmt nicht mehr ganz. Fast überall sprießen aphoristische Sträuchlein und Bäumlein empor, für die im Blätterwald Schonungen eingerichtet wurden. Leider sind es Monokulturen, eintönige und kleinwüchsige Dickichte, die nicht vom Licht durchdrungen werden und auf deren Boden nichts gedeiht.

Ein typischer Titel, unter dem Aphorismen heutzutage vorgestellt werden, lautet: Gemeinplätzchen. Der Doppelsinn dieser Wortschöpfung ist bezeichnend; es sind mit Witzchen verzierte Trivialitäten, die als leicht zerbröselnde Beigabe zum Kaffeeklatsch gereicht werden.

So wie es paradox erscheint, daß die meisten Paradoxe gar keine Paradoxe sind, nimmt es Wunder, daß viele Sätze, die als Gedanken präsentiert werden, nicht dem Denken, sondern der Sprücheklopferei entspringen. Sie leben von der Suggestion, mit einer einzigen Formulierung eine Totalität zu umfassen, aber es waren meist nur Scherzschelme am Werk, die einen Griff ins Phrasenschatzkästlein getan haben und die Beute in verlockender Form zur Schau stellen.

Was spruchreif ist, muß noch nicht aphorismenreif sein. Substanzlose Sentenzen entfliehen der Widersprüchlichkeit der Welt und bereiten deren Oberfläche zum Amüsement auf. Geglückte Aphorismen nutzen Gedankenblitze zur Herstellung geistiger Energie. Bonmots sind der Weisheit letzter Kurzschluß.

Der verständliche Widerwille gegen die verkommenen Gestalten des Aphorismus berechtigt nicht zu einer Ablehnung der gesamten Form. Es ist keineswegs wahr, daß der Aphorismus immer das Maul zu voll nimmt, daß er stets behauptet, ohne zu begründen, daß er sich unweigerlich einer müden, nicht ausreichenden Denkkraft verdankt, daß er in jedem Fall eine effektvolle Taschenspielerei ist, daß er unvermeidlich auf überzogenen Verallgemeinerungen beruht, daß er sich ausnahmslos auf eine Banalität reduziert, sobald Witz und Lüge von ihm abgestreift werden.

Ebensowenig ist die bedenkenlos bejahende Position legitim: der Aphorismus ist keine Form der Ewigkeit, in seinem Herzen schlägt keine uralte Wahrheit, er gibt keine Garantie für originelles, individuelles, antidogmatisches Denken.

Ein Aphorismus ist eine Wortfolge oder Satzfolge, die für sich steht und deren Gesamtlänge begrenzt ist. Der Form selbst kann kein fester Inhalt zugeschrieben werden. Nicht einmal das augenfälligste Formmerkmal, die Kürze, ist ohne weiteres als Positivum zu buchen: wie Heidegger hinreichend demonstriert hat (‚Regen rinnt, Segen sinnt'), kann man schon mit vier Wörtern geschwätzig sein. Es hat mehr Sinn, über den Aphorismus und den Aphoristiker, wie sie sein sollten, zu sprechen. Man halte sich dabei an die großen Aphorismenschreiber (Lichtenberg, Nietzsche, Kraus, Lec) und nicht an die Gaggecks des Feuilletons. Wer daran zweifelt, daß ich meinen eigenen Forderungen genüge, unterschiebt mir einen Anspruch, den ich nicht erhebe: ich behaupte keinesfalls, bereits am Ziel angekommen zu sein, sondern bemühe mich bei jedem einzelnen Aphorismus aufs neue, den Gedanken sprachlich zu vollenden.

Ein Aphoristiker ist ein Selbstdenker, notfalls ein Alleindenker, der sich dem Verbandsdenken widersetzt. Dieser Ausdruck hat eine dreifache Bedeutung: ein Verbandsdenker ist einer, der nur in einer Gruppe oder in einer Organisation zu denken wagt, der sich Kopf und Augen dick umwickelt hat und der Gedanken stets mit Begleitschutz auftreten läßt.

Durch Zwänge der Spezialisierung, die nur zum Teil notwendig sind, läßt sich der Aphoristiker nicht den Mund verbieten. Er macht sich auf den verschiedensten Gebieten seine Gedanken und äußert sie anregend, überraschend, ketzerisch. Bei dem Versuch, allen Sätteln gerecht zu werden, kann er natürlich herunterfallen und als Universaldilettant unter die Pferdehufe geraten. Dieser Gefahr arbeitet er durch ständige Reflexionserweiterung und Sprachverfeinerung entgegen.

Der Aphoristiker konzentriert seine Energie auf einzelne Sätze oder Satzgruppen, wendet den Gedanken hin und her, arbeitet ihn immer wieder um, zermartert sich zwischen mehreren Möglichkeiten, läßt sich von der Sprache auf neue Ideen bringen und von Ideen auf neue Sprachformen, findet im Glücksfall ein beflügelndes Wort, das zum geflügelten wird und die Leser beschwingt.

Der Aphoristiker macht keinen allzu häufigen Gebrauch vom Superlativ (Es ist ein billiger Effekt, wenn man den Satz so beginnt: „Nichts ist schlimmer als ...“ – meistens stimmt das nicht). Er hütet sich vor Generalisierungen, die sich bei näherem Hinsehen nicht halten lassen („Alle Menschen ...“, „Männer sind ... als Frauen“). Er wendet nach Möglichkeit präzisierende Wörtlein an, meidet aber Relativierungen, die nur Vagheiten sind („Manche ...“, „Viele ...“). Das bedeutet nicht, daß er Angst vor provokatorischen Verallgemeinerungen haben darf. Keine Einschränkung gilt einschränkungslos. Ein großartiger Aphorismus sagt: „Die Regel ist die Ausnahme von den Ausnahmen“.

Während im unzulänglichen Aphorismus der Witz den Gedanken ersetzt oder verdeckt, bringt im gelungenen der Witz den Gedanken zum Leuchten. Witz und Gedanke machen gemeinsames Spiel. Nicht amüsieren will der stachlige Aphorismus, sondern zugleich zum Lächeln und zum Denken stimulieren. Die Kunst der polemischen Pointe, das Mißtrauen auf die Spitze zu treiben, macht ihn zum Pfeil, der ins Zentrum der Sache zu treffen sucht, anstatt als grobschlächtige Streitaxt den Gegner und den Baum der Erkenntnis zu fällen.

Ein Philosoph schrieb, um den Wert von Aphorismen herabzumindern: „Rosinen mögen das Beste an einem Kuchen sein; aber ein Sack Rosinen ist nicht besser als ein Kuchen“. Das kommt ganz auf die Qualität der Rosinen und des Kuchens an. Angesichts der kleistrigen Sahnetorten, mit denen uns die fetten Chefbäcker der öffentlichen Meinung das Gehirn verderben, erscheint ein Sack Rosinen wertvoller. Er hat geistigen Nährwert in konzentrierter Form und hält schlank. Der zitierte Vergleich ist typisch für die verbreitete Fehlschätzung, die Aphorismen – wenn überhaupt – nur als kleine würzige Beimischung anerkennt.

Die Denkform des Aphorismus steht zwischen Fragment, Essay und System. Am nächsten steht sie dem Fragment, obwohl sich beide im Wortsinn unterscheiden. Das Fragment erhält seine Bedeutung hauptsächlich aus dem Ganzen, von dem es ein Bruchstück ist, der Aphorismus tritt auf, als gäbe er sich selbst seinen Sinn. In Wirklichkeit sind sie Zwillingsformen. Viele Aphorismen haben etwas Fragmentarisches, da sie trotz aller Autonomie nicht den Denkzusammenhang verleugnen können, dem sie entspringen; sie sind nicht sichtbar verkettet, aber durch ein Netz feinster Fäden miteinander verknüpft. Umgekehrt haben viele Fragmente – abgesehen von denen, die durch lückenhafte Überlieferung entstellt wurden – insoweit etwas Aphoristisches, als sie durchgeformte Gedanken sind.

Der Aphorismus muß sich in der Nähe des Fragments halten, weil er, wenn er sich abkapselt und auf seine Alleingültigkeit pocht, dem System ähnlich wird, dessen Gegenspieler er ist. Aphorismen haben dem System die Möglichkeit voraus, auf abweichende Denkwege unbefangen einzugehen, Thesen ohne krampfhafte Scheu vor Widersprüchen zu formulieren und auf ungewöhnliche Sichtweisen aufmerksam zu machen. Der Aphorismus kann nicht nur der letzte Ring einer alten Gedankenkette, sondern auch der erste Ring einer neuen Gedankenkette sein. Aphoristisches Denken ist im Detail konsequenter, weil es sich nicht durch einmal errichtete Prinzipien den Weg abschneidet. Dafür verliert es sich leichter in Impressionen und ist im Großen inkonsequenter. Aphorismen können trügerisch sein, indem sie, obwohl sie dem totalen Wahrheitsanspruch der Systeme widerstreben, zu viel ausdrücken wollen und dabei zu kurz zielen. Die Welt in einem Satz einzufangen, ist vergebliche Müh. „Man kann nicht alles auf einmal sagen, insofern ist alles Einzelne falsch", sagte Adorno im Seminar. Wenn sich das Einzelne jedoch bewußt hält, daß es der Ergänzung durch andere Gedanken bedarf, kann ein Körnchen Lüge auch ein Körnchen Wahrheit sein. Ein klassischer

Aphorismus drückt genau dieses Spannungsverhältnis aus: „Die Welt wäre nicht vielseitig ohne die vielen Einseitigkeiten".

Eine der möglichen Weiterentwicklungen ist der Essay. So wie der Aphorismus als abgekürzter Essay erscheinen mag, kann der Essay als Aphorismenerweiterung angesehen werden. Damit ist nicht gemeint, daß ein einziger Gedanke breitgewalzt wird, sondern daß mittels einer bestimmten Mosaiktechnik wahlverwandte Notizen zu neuen Denkfiguren zusammengesetzt und dabei verändert werden. Ähnliche Möglichkeiten bieten die Glosse, die Geschichte, die Parodie und viele andere Gattungen. Prinzipiell kann jede Darstellungsweise aphoristische Impulse in sich aufnehmen.

Der Aphorismus ist keine gebrochene, sondern eine eigenständige Denkform, die sich jedoch gern mit anderen Formen liiert. Er ist ein Kind der Liebe zur Erkenntnis, aber keines, das sich zu verknöcherter Disziplin anhalten läßt. Der Aphorismus ist ein intellektueller Vagabund, beargwöhnt von den Denkhonoratioren, deren Seßhaftigkeit darauf zurückzuführen ist, daß sie zu Stuhl gekommen und mit dickleibigem Sitzfleisch gesegnet sind. Er wird oft verachtet, aber von seinen Einfällen zehren alle, und an seinem Maßstab werden alle gemessen.

Ob einer ein guter Philosoph oder Schriftsteller ist, kann man schon an einem einzigen Satz sehen, in dem Sinn, daß jeder Gedanke so ausgeformt sein muß, als könnte er auch für sich allein bestehen. Jeder Satz ein Mikrokosmos – aus einer Vielzahl solcher kleinen Welten besteht der Makrokosmos eines geglückten Werkes. Deshalb ist die Kunst des Aphorismus die Vorschule jedes Schreibens und Denkens.

WEITERE MURIBÜCHER

Hans Ritz
Die Geschichte vom Rotkäppchen
Ursprünge, Analysen, Parodien eines Märchens
140 Seiten, illustriert, 6. ergänzte Auflage, 10,– DM
ISBN 3-922494-04-8

Hans Ritz
Die Sehnsucht nach der Südsee
Bericht über einen europäischen Mythos
170 Seiten, illustriert, 2. Auflage, 10,– DM
ISBN 3-922494-06-4

Hans Ritz
Ringelsternchen
Gedichte
80 Seiten, illustriert, 2. veränderte Auflage, 10,– DM
ISBN 3-922494-09-9

Ulrich Erckenbrecht
Anleitung zur Ketzerei
Philosophische Essays
250 Seiten, 3. Auflage, 18,– DM
ISBN 3-922494-02-1

MURIVERLAG, Postfach 1765, D-3400 Göttingen